働く現場をみてみよう!
わたしたちが寝ている時間の仕事

[監修]
パーソルキャリア株式会社
"はたらく"を考えるワークショップ 推進チーム

Contents

- わたしたちが寝ている時間に働く人たちがいる …… 4
- Works 1 花市場スタッフ …… 6
- Works 2 高原レタス生産者 …… 10
- コラム 1 深夜に病院で働く人の子どもを預かる仕事 …… 14
- Works 3 看護師 …… 16
- Works 4 災害救急情報センター管制員 …… 20
- Works 5 テーマパークの整備士 …… 22
- Works 6 テーマパークの夜間清掃員 …… 24
- みんなのギモン
- コラム 2 やりたいことがありません　将来の夢を持っていないとダメですか？ …… 26
- Works 7 天文台職員 …… 28
- Works 8 トンネル整備士 …… 32
- Works 9 航空管制官 …… 34
- ほかにもあるよこんな仕事 …… 37
  - Works 10 漁師
  - Works 11 パン職人

※この本の内容や情報は、制作時点（2024年7月）のものであり、今後変更が生じる可能性があります。

はじめに

みなさんは、いつ寝ていますか? 多くの人は夜に寝て、朝に目覚める生活をしていると思います。でも、みなさんが夢の中にいる間も世の中は動き続けていて、そこで働いている人たちがたくさんいます。

わたしたちは、新鮮な野菜をスーパーで買うことができますし、朝早くから飛行機に乗って旅行をすることも、一日中テーマパークで遊ぶこともできます。夜中に急に体調が悪くなっても、救急車がすぐに来てくれますし、病院ではお医者さんや看護師さんが待っていてくれます。

こうしたことは当たり前のように感じますが、わたしたちが寝ている間に働いてくれている人たちのおかげで、便利で安心な生活を送ることができています。

「夜中に働いている人たちはねむくならないのかな?」「朝早くや夜遅くにはどんな仕事があるのかな?」など、気になることもありますよね。

この本を読みながら、わたしたちが寝ている間に働いている人たちに出会ってみてください。きっと新しい発見がたくさんありますよ。

パーソルキャリア株式会社
“はたらく”を考えるワークショップ 推進チーム

わたしたちが寝ている時間に働く人たちがいる

寝ている時間とは

「寝ている時間」とは、多くの人が夜の間にねむりにつく時間帯のことです。一般的には、22時ごろから朝の6時ごろまでを指します※。この時間帯にわたしたちはねむり、体を休め、翌日の生活に備えます。けれども、この時間帯にも世界は止まらずに動いていて、多くの人々が働いています。

※寝ている時間帯は文化や風習、個人の生活によっても異なります。

なぜ寝ている時間に働くの?

寝ている時間に働く理由はさまざまです。ひとつは、24時間必要とされるサービスを提供するためです。病院や警察、消防などは必要なときにいつでも対応できるよう、夜中も活動をしています。また、新鮮な食品を店頭に並べるためには、夜中に製造や物流が行われています。

どういう人が働いているの？

夜中に行われる仕事もまた、いろいろな種類があります。
急病になった人を助けてくれる医師や看護師。事件や事故に備えている警察官や消防士。工場などで製造された商品をお店などに運ぶトラックの運転士。 
新聞配達の人たちは、朝の新聞を届けるために早朝から働いています。その新聞を印刷する印刷会社の人たちは夜中から稼働しています。
これらの仕事で働く人たちがいるおかげで、わたしたちは朝起きたときに、ふだん通りの生活を送ることができます。

深夜から早朝にかけての仕事

わたしたちが寝ている間にも多くの人が働いて、わたしたちの生活を支えてくれています。
これからこの本を通じて、夜中から早朝にかけて働く人たちの仕事についてくわしく調べてみましょう。

代表的なものは、

警察官　　消防士　　運送業者　　清掃員

機械整備士　　生産農家　　病院の医師や看護師

商品の夜間製造者　　青果市場・魚市場スタッフ

などがふくまれます。

Works 1

花市場スタッフ

川崎花卉園芸

花市場は街の生花店が花を買い付けにくるところ

花市場は、花の生産農家から花を集め、街の生花店に販売する「おろし売り」をするところです。日本国内では、現在111の花市場※が各地にあり、季節の花をはじめ、多種多様な花を取りあつかっています。

インターネットの発達により、街の生花店も直接、花の生産農家から花を購入することができますが、花市場が取りあつかう花の数や種類は、それより何倍も多いので、花市場を利用するほうが便利です。

さらに、花市場では国内だけでなく、海外から仕入れた花も購入することができるので、めずらしい花を仕入れることもできます。

花市場の主な仕事は「せり売り」とその準備をすること

花市場の仕事は、2つにわかれています。

ひとつは、街の生花店への「せり売り」や商品の引きわたし、花の生産農家へ報告を行う日。もうひとつは、花の仕入れや仕分けなどを行う日です。

「せり売り」は、進行する「せり人」が花の名前や特徴を説明しながら、だれがいくらで買うかを決める方法です。公開で行われるので、参加者は花の値段を知ることができ、公平に取引ができます。

おしごとデータ

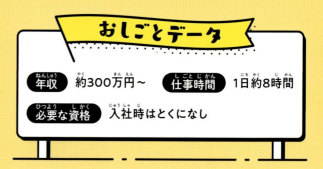

- 年収　約300万円〜
- 仕事時間　1日約8時間
- 必要な資格　入社時はとくになし

※「株式会社 大田花き花の生活研究所」（2020年）より

花市場の深夜から早朝にかけての仕事

「せり売り」の前日は17時から荷物の仕分けが始まります。その日は夜おそくまで荷物が入ってくるため、次の日の朝早くから始まる「せり売り」と合わせ、交代制で仕事をします。

「せり売り」と前日の仕事

❶ 花を入荷する
17時以降、夜から深夜にかけて、国内外の花の生産農家から花が運ばれてきます。

17:00

24:00

❷ 入荷した花をわける
運ばれてきた花を受け取り、せり売りの分とあらかじめ注文を受けていた分にわけます。注文の商品は、箱につめて配送準備をします。

7:00

❸ 朝7時「せり売り」開始
せり人から花の説明を受け、その花を買いたい人たちが「このバラを500円で買いたい」と手をあげて値段を言います。すると、ほかの人が「私は600円で買います」と言って、値段を上げていきます。

最終的に、一番高い値段をつけた人がその花を買うことができます。

生花店の人たち / せり人

❹ 買い手のついた花を箱に入れる
買い手のついた花を、だれが買ったかわかるように番号を記入して、箱づめしていきます。

9:00

手ぜり
●手ぜり：手や指の仕草でお客さんとやり取りを行い、価格を決めます。指で現しているのは、数字です。

❺ お客様（生花店）に花を引きわたす
大きな運搬用キャリーで、街の生花店のトラックまで花を運びます。

10:00

11:00

❻ 花の生産農家へ報告する
せり売りが終わったら、生産農家に売れた数や次回の注文などを報告したり、事務仕事をしたりします。

7

花市場で働く人の道具や制服

インカムとハサミは必需品

　花市場で働く「せり人」が身につけている道具は、せりのときにつかうインカム（マイクとイヤホン）と、花の箱や花のくきを切るときに必要なハサミです。人によっては、ナイフをメインにつかう人もいます。ハサミを入れるケースはがんじょうで、ズボンのベルト部分にぶらさげることができるようになっています。

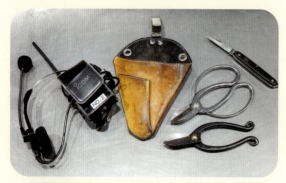

■せり人の大竹隼平さんの道具
右から、花のくきを切ったり、箱を開けたりするときにつかうハサミやナイフとそれを入れる革のケース、せりのときにつかうインカム（イヤホンとマイク）。

■事務の加藤賢人さんの道具
ペンやハサミ、メジャー、カッターなど花の加工につかう道具がメインになっているそうです。右はしにある赤くて細長いものは、箱をくくっているビニールのヒモを切るための道具です。

ひと目で市場の人とわかる制服

　花市場では、たくさんの荷物をあつかうので、動きやすくてよごれてもいい服が基本です。川崎花卉園芸では、市場にくるたくさんの人たちから見て、ひと目で市場の人とわかるように制服があります。シンプルで動きやすく、ふだん着のように着られるおしゃれな制服です。

■写真上／向かって左からせり人の大竹隼平さん、阿部千花さん、事務の加藤賢人さん。ロゴ付きの川崎花卉園芸の制服は、ひと目でスタッフというのがわかるようにしています。
■写真下／大きな文字が書かれた前かけも、遠くから見て川崎花卉園芸のスタッフとわかるようなデザインです。

花市場で働くには？

☑ **農業や天気の勉強が役に立つ**

　人とのコミュニケーションが多いので、花以外にも、いろいろな知識を持っているといいと思います。学校では、農業や天気などの勉強をしていると、仕事に役立つでしょう。

教えて！
"花市場で働くスタッフさん"

この仕事 3年目

川崎花卉園芸 株式会社
阿部 千花さん（25さい）

海外に花の買い付けに行くと、日本の花とのちがいも勉強になって、やりがいを感じます

Q 仕事で楽しいと感じることは？

出張をして、さまざまな場所へ行けることです。ふだん、花屋さんでは見られないめずらしい花もたくさん見ることもできますし、花についてくわしくなるのが楽しいです！

Q どんな人がこの仕事に向いている？

花が好きなら、その気持ちだけで十分向いているといえます。それから、人のために役に立ちたいと思える人、自分で自分の目標を立てて、それに向かって働ける人は、花市場での仕事だけではなく、どんな仕事でもできると思います。

Q 深夜から早朝にかけての仕事で大変なことは？

朝早く起きるのが苦手な人は、とくにそうだと思いますが、早起きが大変です。それから、花はかわいらしく、きれいなのですが、たくさんの花が箱に入っていると、意外とズッシリと重いので力が必要です。

Q この仕事を選んだ理由は？

花市場で働く前は、ホームセンターの園芸コーナーで仕事をしていました。仕入れなども担当していたので、その経験を生かして新しいチャレンジができるのではないかと思い、花市場での仕事を選びました。

Q 海外で仕事をすることはある？

出張で海外に行くことがあります。外国に住んで仕事をすることは、今のところありませんが、海外の農家との取り引きもあるため、将来は、そういった仕事ができるようになる可能性もあると思います。

Q 将来の夢は？

日本でいちばんたよられる花市場の担当者になって、みなさんにもっと花に興味を持ってもらい、花のある生活が当たり前というふうにしたいです。それから、農業に活気がある日本にしたいです。

Works 2 高原レタス生産者

農園星ノ環

レタスが一番おいしい涼しい時間帯に集中して作業をする生産農家

新鮮でおいしいレタスを届けるため深夜から早朝に働く

高原レタス生産者の仕事は、主に土を耕してレタスの種を植え、苗を育てて、成長したレタスを収穫することです。一番いそがしくなるのは、初夏から夏にかけての収穫時期です。

高原レタス生産者は、まだ暗い午前4時ごろからレタスを収穫します。早朝に収穫するのは、夜の冷たい空気でレタスがおいしくなるからです。おいしいレタスを食卓に届けるため、収穫時期は毎日、太陽がのぼる前に仕事をしています。とくに、「朝どれレタス」と呼ばれる、収穫したその日にお店に並ぶとても新鮮なレタスを届けるためには、深夜から作業を始めます。

みんなの力を合わせてのぞむ収穫作業

高原レタス生産農家では、レタスの収穫時期になると家族だけでなく親戚や近所の人たちも手伝いにやってきます。

農園星ノ環さんでは、社員のほかに海外からの実習生も合わせ、毎日12人くらいで約8,000個のレタスを4〜5時間くらいかけて収穫します。

収穫作業は、気温が上がる前までに終わらせないといけないので、一人一人が集中して作業を急ぎます。このときは全員が協力し合い、手際よく新鮮なレタスを収穫します。

おしごとデータ

- 年収 約200万円〜
- 仕事時間 1日約8時間
- 必要な資格 入社時はとくに必要ありませんが、運搬作業があるので、普通自動車運転免許があるといいでしょう。

種まき、苗の世話、収穫をくり返すレタス農家の仕事

群馬県昭和村では、3月から9月ごろにレタスの種をまき、5月から10月まで収穫をします。芽が出て葉が伸び始めたら、肥料をあげたり虫から守ったりしながら苗を育てます。畑に苗を植え、ぐんぐん大きくなって丸くなったら収穫します。

収穫時期の仕事

●畑に出かけて収穫
午前2時30分から午前3時くらいに畑に行きます。

3:00

●畑を移動して収穫を再開
別の畑に移動して、収穫を続けます。季節によりますが、だいたい朝6時くらいに空が明るくなってきます。

●翌日の収穫準備や栽培の仕事をする
昼間は、翌日の収穫の準備や、レタスの種をまいたり、苗に水をあげたり、苗を植えたりします。

●早出しの出荷
午前4時くらいの夜明け前に、「早出し」という1回目の出荷を行います。収穫したレタスを特別な方法で冷やし※、鮮度を保ったまま出荷場に送ります。そして、その日のうちにスーパーやお店で「朝どりレタス」として売られます。
※早く冷やして鮮度を保つ「真空予冷」という装置をつかい、短時間で冷やします。

4:00

7:00

●レタスを何回かにわけて出荷
「早出し」のあとに収穫したレタスは、鮮度を保ちながら、何回かにわけて出荷場に運びます。

8:00

●あと片付け・朝休けい

9:00

高原レタス生産者になるには？

体力と根気と、農業に興味があれば
だれでもチャレンジできる仕事です

☑ 農業系の大学や専門の学校で学ぶ

農業系の学校では、レタスの栽培法などのほかに、植物自体のこと、土や肥料のこと、病害虫対策など、農業に必要な基礎を学ぶことができます。また、いろいろな研修プログラムに参加したり、新しい品種の開発にも参加できるチャンスがあります。

☑ 高原レタス生産農家に直接就職する

高原レタス生産農家で直接働くことで、レタス栽培の実践的な技術を身につけ、教科書だけでは学べない知識を得ることができます。
ただし、生産農家によっては仕事の内容が異なるので、直接、問い合わせて確認しましょう。

外国人実習生が農業技術を学ぶために来日

日本でつくられた農作物は、おいしくて安全性が高いと世界に知られているので、その農業技術を学びに、海外から大勢の人が日本にきています。お話を聞いた農園星ノ環さんでは、積極的に外国人実習生を受け入れて、「自国の農業の発展のために活躍してほしい」と、国境をこえた農業人材の育成に力を注いでいます。

海外からの農業実習生たちとの記念撮影。

教えて！
"高原レタス生産者さん"

この仕事 30年目

有限会社 農園星ノ環
星野 高章さん （50さい）

「目標は、つくったレタスを全部、出荷できるようになること！」

Q 高原レタス生産者になることに決めた理由は？

家が農家で、父がレタス栽培を始め、跡をつぐ形で働き始めました。働きながら現場で勉強していきました。

Q 仕事のどんなところが楽しい？

レタスの生育がよくできると、仕事も早く終わって、清々しい気持ちになります。1シーズンに数日、収穫をしているときの夜明けの景色がすごくきれいな日があるので、そういう景色を見られるのもとても良いです。

Q 深夜から早朝にかけての仕事で大変なことは？

朝早く起きるのはつらいかもしれません。でも、レタスを収穫する季節だけなので、がんばることができます。慣れるまでの間、最初の1ヵ月くらいは大変かもしれません。

Q かならずつかう道具にはどんなものがある？

包丁はかならずつかいます。少し小さめの野菜収穫包丁です。また、畑もレタスも朝露で濡れているため、収穫するときにはカッパを着ます。そのほかに、繊細な作業ができるように、薄くて水を通さないゴム手ぶくろと、暗い中での作業になるのでヘッドライトも必要ですね。

Q どういう人に向いている？

高原レタス生産者の仕事は、深夜から早朝にかけて収穫と出荷を行います。それだけでなく、明るい時間には次の出荷に向けた仕事もしますので、体力がある人には向いているといえます。根気のある人は、レタスの小さな変化を見つけて楽しむことができると思います。

朝露をよけるためのカッパとヘッドライト。

小さめの包丁にゴム手ぶくろ。

コラム 1

深夜に病院で働く人の子どもを預かる仕事

病院で働くお医者さんや看護師さんなどの病院スタッフさんたちは、夜勤のときに自分の子どもを見ることができません。そういう人たちのために保育園を併設している病院があります。

東京女子医科大学病院附属保育所「やよい保育園」

院内保育園 夜間保育

病院スタッフの子どもを24時間体制で預かる保育園

保育園は、仕事をしている保護者に代わって、生後2ヵ月から就学前までの子どもを預かってお世話をする場所です。

一般的な保育園は、昼間に働く保護者のために朝から夕方まで子どもを預かります。夜間に働く保護者のためには、夕方から翌朝まで子どもを預かる、夜間保育を行う施設もあります。

夜間保育は、たとえば、24時間体制でスタッフが働いているような大きな病院の院内保育園などで行われています。ここでは、夜勤のお医者さんや看護師さんなど、病院で働く人たちのために保育を行っています。なかには、24時間365日、運営をしているところもあります。

こんにちは、今日の赤ちゃんの様子はどうですか？

元気ですが、少し鼻水が出ています。

14

やよい保育園の夜間保育スケジュール

15時：出勤

16時ごろ：子どもたちが順次来園

18時ごろ：夕食

19時ごろ：お風呂

21時ごろ：就寝

※21時に子どもたちが寝たあと、保育士は日中にできなかった仕事や、ふだんできない仕事（お部屋のかざりつけなどの細かな仕事）をします。

7時ごろ：起床、朝ごはん

9～10時ごろ：夜勤が終わった保護者がおむかえにくる

10時すぎ：帰宅

▌寝ている間のハプニングにもすぐに対応！ 子どもに寄りそう夜間保育の仕事

東京女子医科大学病院附属保育所のやよい保育園は、24時間体制で働く病院スタッフのための院内保育園です。

やよい保育園の夜間保育の一日は、子どもたちがやってくる16時ごろから始まります。保育士は、最初に保護者からその日の子どもの健康状態や気分を聞いて、子どもたちを預かります。

子どもたちが、保護者からはなれて落ち着いたら夕食の時間です。食事が終わったら、順番にお風呂に入れて、歯をみがいてトイレに行かせます。寝る前には、絵本を読んだりだっこをしたりして、子どもたちが安心してねむれるようにします。

子どもたちがねむっている間も、ハプニングは起きます。友だちを起こそうとする子どもや、突然熱を出したり、大泣きしたりする子どももいます。それでも保育士たちは、すぐに対応できるように、一晩中、子どもたちのそばでていねいにお世話をします。

夜の間、保育士たちは、たくさんある仕事を分担して行うので、困ったことがあれば、ほかの保育士に相談しながら保育を行っています。

朝になり、夜勤が終わった保護者がもどってきたら、夜間保育は終了です。

やよい保育園の保育士たちは、わたしたちが寝ている時間に働く人たちの子育てをサポートする、大事な仕事をしています。

Works 3

看護師

東京女子医科大学病院

患者さんを24時間サポートし活躍する

診療の補助を行い患者さんに寄りそう看護の仕事

看護師は、病院やクリニックで、病気やけがをした人たちをケアする仕事をしています。たとえば、診察にきた人の対応をしたり、採血したり、手術のサポートに入ったりするなど、患者さんが早く元気になるように、医師といっしょに力をつくします。

病気やけがをすると、不安になることがあります。そんなときに、患者さんの心に寄りそって、安心してもらうことも看護師の大切な仕事のひとつです。入院している患者さんの体調管理から入浴、食事のお世話まで、入院生活で困らないようにサポートもしています。

夜も昼と同じように働く交代制の「夜勤」

夜になり、外来の診察が終わっても、入院患者がいる病院が休みになることはありません。医師はもちろん、看護師も交代制で夕方から朝まで働きます。それが「夜勤」です。

夜勤も、昼間の仕事（日勤）と同じように、入院している患者さんの急な体調の変化への対応や点滴、薬のチェックに加えて、深夜の見回りなど、さまざまな業務があります。また、救急の患者さんがくることもあるので、夜勤中も気をぬくことができません。

おしごとデータ

- **年収** 約300万円〜
- **仕事時間** 1日約8時間　交代制で夜勤を行う
- **必要な資格** 大学または3年以上の専門教育を受け、看護師免許を取得する必要があります。

看護師の夕方から朝にかけての仕事

看護師は、担当する病室の患者さんのケアを行い、
24時間どんなときでも患者さんの立場に立って行動します。

夜勤の日の仕事

- **出勤して申し送りを確認**
  夜勤は17時ごろから開始。日勤の看護師から、患者さんの状態や状況を聞きます。

17:00 ● 患者さんの食事の準備

18:00 ● 患者さんの食事のお世話
18時ごろ、患者さんに食事を運んだり、食べさせたりします。

19:00 ● 患者さんの食事の確認
19時には食事を下げて、患者さんそれぞれがどの程度食べられたかを確認します。

21:00 ● 患者さんの検査や体調のチェック
点滴交換のタイミングに合わせて準備をし、翌日の検査や就寝時間、起床時間、採血の時間など、患者さん一人一人の病状や体調に合わせて、細やかな確認をしていきます。

- **看護師の食事休憩**

- **備品や患者さんの食事メニューのチェック**
  看護師の食事休憩のあとは、翌日の点滴がそろっているか、患者さんの食事のオーダーが間違っていないかなどを確認します。

24:00

- **日勤の看護師へ申し送りを準備する**
  朝になってから出勤する日勤の看護師への申し送りの準備をします。

7:00

- **緊急の対応など**
  夜間から早朝に、入院患者さんの容態が急変することもあります。医師の指示にしたがい、状態に応じて対処していきます。

看護師になるには？

医療の基礎や看護の方法を学校で学び
国家試験を受けて合格すれば、看護師免許を取得できます

看護師になってからも研修があります。

手術のサポートをすることもあります。

☑ 看護や医療の専門知識を学校で学ぶ

看護師になるための学校は、いくつかあります。自分の最終学歴や将来の目標に合わせて選びましょう。
- 5年制の高等専修学校（高校3年＋2年）
- 看護の専門学校
- 看護大学や大学の看護系学部・学科

☑ 高い水準の看護が実践できる資格

より専門的な知識を必要とする資格で、働く場所も広がります。
- **認定看護師**：感染症やがん治療など特定の看護分野のケアができるようになります。
- **専門看護師**：患者さんとその家族にも、トータルで看護を提供できるようになります。
- **ケアマネジャー**：介護を必要としている人と介護サービス事業者や介護施設などをつなぐ仕事ができます。

☑ 国家試験に合格する必要がある

看護師になるには、看護大学や大学の看護系学部・学科または3年以上の専門の教育を受けて、厚生労働省が施行する看護師国家試験に合格する必要があります。

☑ 患者さんの立場になって考えられる人、チームワークを大事にできる人が向いている

看護師は、患者さんの気持ちに寄りそえる人が向いています。とはいえ、業務がとどこおらないように行動することも大切です。また、チームで働くので、コミュニケーションを上手に取ることも求められます。

看護学校卒業後の主な就職先
- 病院・クリニック
- 訪問看護ステーション
- 高齢者施設
- 児童福祉施設
- 医療機器メーカー
- 一般企業

など

教えて！ "看護師さん"

この仕事 **16年目**

東京女子医科大学病院
髙橋 みずえさん (51さい)

「長く働ける仕事はないかと看護師になりました」

Q 看護師になった理由は？

わたしは、もともとはパティシエとしてお菓子づくりをしていましたが、結婚してからも続けられるように、資格を取って長く働ける仕事がしてみたいと思い、看護師の資格をとる勉強をしました。

Q 夜勤で働くのは大変？

夜勤は、看護師の人数が昼間よりも少ないので、とてもいそがしく、大変な仕事だと思います。それでも、夜勤をする看護師の仲間たちとチームワークで乗り切り、朝をむかえて申し送りを終えると、ホッとします。

Q 制服は気に入っている？

病棟ごとにユニフォームがあり、5年に一度くらいのペースで新しいデザインになります。院内でアンケートをとって、どのデザインにするかを決めているので、仕事がしやすいように改善されるのは良いと思います。病院内では、1年を通して温度管理がされているので、通年同じユニフォームでいられるのもラクだと思います。

Q かならずつかう道具は？

看護師ごとに持ち物にちがいはありますが、包帯を切るためのハサミ、医療用のテープ、消毒につかうアルコール綿やばんそうこう、注射をしたあとにはるシール、血を止める際につかう止血帯、消毒液などを身につけて持ち歩いています。

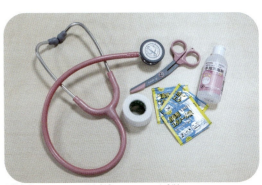

聴診器とハサミ、医療用のテープ、消毒につかうアルコール綿などは常に身につけています。

Q 将来の夢は？

看護師として、自分の家族の役に立ちたいです。家族が病気になったときに、自分ができることを家族にしてあげることが目標です。

Works 4

災害救急情報センター管制員

東京消防庁

緊急の通報電話を受けて救急隊と連携し人命を守る

119番に通報した先が災害救急情報センター※1

家族や友人の体調が悪くなったり、事故にあったりしたときには119番に通報をします。このとき、電話口に出てくれるのが災害救急情報センター管制員です。

災害救急情報センター管制員は、東京消防庁の中にある施設内で緊急の119番通報を受け、状況を聞いて救急隊や消防隊に出動の指令をしたり、無線をつかって現場に向かった隊員たちの手助けをしたりしています。

災害救急情報センターの仕事は大きくわけて2種類

災害救急情報センターでは、主に緊急の通報を受ける「受付指令管制員※2」と、救急隊の手助けをする「救急管制員※2」の2つの仕事があります。

「受付指令管制員」は、通報してきた現場からいちばん近い救急隊や消防隊を探し、いち早く現場に到着できるように指示を出します。また、救急車や消防車が到着するまで、通報者に応急手当のアドバイスもします。

「救急管制員」は、出動した救急隊のサポートを行っています。けが人や急病人が重症のときに、救急隊に代わって病院を決めたり、救急隊が行う処置について、救急隊指導医に電話をつなぐ仕事をしています。

おしごとデータ

- **年収** 消防官の場合、約269万円〜
- **仕事時間** 1日約8時間くらい、日勤と夜勤の勤務体制で仕事をしています。
- **必要な資格** 資格は必要ありませんが、現場経験を積んでから勤務します。

※1 災害救急情報センター：東京消防庁管内の緊急通報を受けつける場所
※2「受付指令管制員」「救急管制員」は、災害救急情報センターでの呼び方です。ほかの地域では別の呼び方になっています。

人命救助をする仕事だから
自分の体調管理も大事です

24時間365日ずっと電話対応している災害救急情報センター※1。
仮眠もとって体調をととのえながら、いつでも万全に対処できるようにしています。

● 4つの班にわかれ 24時間365日活躍している

災害救急情報センター※1では、働く時間が一般の会社に勤める人とはちがい、勤務員が4つの班にわかれて日勤（午前8時半から午後5時15分まで）、夜勤（午後4時から翌朝10時まで）の勤務体制で働いています。

夜勤のあとはお休みとなり、働く人たちの健康管理もしっかり行っています。

● 仮眠をとり体調管理を するのも仕事

災害救急情報センターの管制員は、モニターや通信機器のある指令台について、24時間気をぬくことなく仕事をしています。とはいえ、人間なのでつかれることもあります。そこで、夜勤のときは2時間の仮眠をとり、通報内容を正しく聞き取れるように体調をととのえています。

こんなこともあったよ
機転をきかせて命を助ける

ある日、通報を受け付けると苦しそうな呼吸音だけが聞こえてきました。"火事、救急の通報で、お声を出すことができなければ電話口を3回たたいてください"と呼びかけると、"トン、トン、トン"と返ってきました。そこからは、電話口をたたく方法をつかって住所を特定し、救急車を向かわせて命を助けることができました。

受付指令管制員・救急管制員になるには？

☑ 消防官採用試験に合格する必要がある

災害救急情報センターの受付指令管制員※2や救急管制員※2は、消防隊をはじめ、救急隊や特別救助隊、水難救助隊などの現場経験を積んだ人たちです。この仕事につくには、消防官採用試験に合格することが必要です。合格後に消防学校へ入り、訓練を受け、現場経験を積んでいきます。

教えて！管制員さん！

管制員歴9年目　藤野 祐三さん　42さい

Q この仕事で大変なことは？

119番通報は1日平均3022件※3（約30秒に1件の通報）。その中には、操作ミスやいたずら電話も多くあります。その通報が本当に操作ミスやいたずらなのかを確認するのがとても大変です。その間に、救助が必要な人が待たされていると思うと気が気ではないです。みなさんも、どうか気をつけてください。

※3 東京消防庁が令和5年中に受け付けた119番通報件数。東京消防庁統計システムの集計調べ

Works 5 テーマパークの整備士

株式会社Mテック

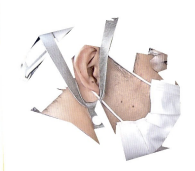

東京ディズニーリゾート®の乗り物などを点検する仕事

東京ディズニーリゾート®の人気の乗り物を、安全に保つために欠かせない仕事があります。それは、乗り物や乗り物が走るレールやブレーキなどの点検と修理です。

点検と修理をする整備士は、機械や電気などの専門技術を学んだプロフェッショナルです。整備士たちは、午前5時から午後2時までの早番と、午後4時から午前1時までの遅番にわかれ、昼夜、さまざまな乗り物などの安全の確認をします。

テーマパークの安全を守る責任ある仕事

たとえば、猛スピードでレールを走る乗り物の場合、乗り物全体に異常がないか、すみずみまで点検します。レールやブレーキなどを点検する際には、専用の通路を歩いて確認します。また、日常の点検とは別に、計画にしたがって乗り物を工場まで運んで分解整備をします。

この仕事は、お客様の安全を守るために重要な役割を果たしています。そのため、整備士たちは乗り物が安全に動くことを確認するまで運行を許可しません。

おしごとデータ

- **年収**：勤続年数や経験、役割によって異なります。
- **仕事時間**：早番は午前5時から午後2時まで。遅番は午後4時から午前1時まで。
- **必要な資格**：専門知識があると仕事の範囲も広がりますが、入社時には資格はいりません。

テーマパークの整備士になるには？

☑ **機械系、電気・電子系、情報系技術、工学系などの専門学校で学ぶ**

乗り物の機械やロボットのシステム点検を行う仕事なので、機械系、電気・電子系、音響、照明などの専門知識が必要です。そのための技術や工学を習得すると役に立ちます。

☑ **あつかう機械に合わせて資格を取るとできる仕事が増えてくる**

会社に入ると、先輩に教えてもらいながら技術を身につけることができます。また、入社後に必要な資格を取得できるよう、機会を用意している会社もあります。

持っていると役立つ資格
- 電気工事士
- 機械保全技能士
- クレーン操作者
- 玉掛け※ など

※クレーン車で重たい荷物を持ち上げるときに、荷物にクレーンのフックを掛けたり、外したりする作業のこと。

教えて！テーマパークの整備士さん

仕事歴7年目　海原 陽菜子さん　26さい

Q この仕事での夢は？

7年目で、任せてもらえる仕事も増えてきました。でも、まだ知らないことがたくさんあります。技術的な点はもちろん、新しい資格を取ったり、機械の不具合にすぐに対応できる判断力を身につけたり、やりたいことはたくさんあります。

Q この仕事をどうやって探したの？

高等専門学校という技術を学べる学校に通っていて、就職活動を始めたときに、機械技術系の企業がたくさん集まる説明会に行きました。そこで今の会社と出会い、自分が勉強してきた技術をつかって東京ディズニーリゾート®にかかわる仕事がしたいと思いました。

Q 仕事の魅力はどんなところ？

わたしたちが点検をして、許可を出さないとアトラクションはオープンできません。アトラクションの乗り物整備は、お客様の命を守る仕事でもあるからです。点検をして「これなら大丈夫」と仕事を終えたとき、パークをおとずれるお客様たちのうれしそうな様子を見られるのが、最大の魅力です。

Works 6

テーマパークの夜間清掃員

株式会社MBM

おとずれる人に喜びと笑顔を届けたい！

その気持ちが原動力になる

「世界一安全で清潔な場所」をつくるナイトカストーディアル

東京ディズニーランドや東京ディズニーシーの清掃のテーマは「世界一安全で清潔な場所」です。それを実現しているのが、テーマパークの清掃員たちです。昼間にテーマパーク内を清掃する人たちを「カストーディアル」、夜間に清掃する人たちを「ナイトカストーディアル」と呼びます。

ナイトカストーディアルの一日は、午後11時から始まります。出社後、ユニフォームに着がえて清掃用の道具を持ち、閉園したパーク内に向かいます。清掃作業は、東京ディズニーリゾート®の2つのテーマパークを総勢約450人で行い、午前8時までに完了します。

昼間できない場所を徹底的にきれいにする深夜の清掃

ナイトカストーディアルは、東京ディズニーリゾート®のオープン当時のようなきれいな状態を目指しています。テーマパーク全体、アトラクションの乗り物や待機エリアはもちろん、レストランのキッチンやお店の中、スタッフ用のエリアなど、昼間はゲストやキャストがいて清掃できないところを徹底的にきれいにします。夜間の清掃は、これから入園するお客様を美しいパークでむかえるための大切な仕事です。

おしごとデータ

年収 勤続年数や経験、役割によって異なります。

仕事時間 午後11時から午前8時まで

必要な資格 必要な資格はありませんが、深夜勤務は18さい以上の方のみになります。

教えて！ナイトカストーディアルさん

この仕事 7年目

株式会社MBM
小林 左帆さん（29さい）

"仕事帰りに、きれいになったパークを見ると達成感とやりがいを感じます"

Q どうしてこの仕事を選んだの？

学生のころに、パーク内の売店でアルバイトをしていました。それがとても楽しかったので、裏方の仕事はなにかあるかな？　と考え、この仕事を選びました。

パーク内の清掃は、夜のだれもいないパークを見ることができるという特別感があり、ここにくるだけでワクワクします。

Q どんな場所をどんなふうに掃除するの？

レストルーム（トイレ）やレストランのキッチン、アトラクションの待機エリア、そして働く人々が利用する裏側エリアまで、広範囲にわたります。ゆかのみがき上げ、高圧洗浄機をつかった外壁や歩道の清掃、ガムやシールの除去、細かなゴミの回収など、徹底的な清掃をします。

Q 仕事の魅力はどんなところ？

作業の終わり時間がせまっているのに、担当エリアの清掃が終わらないときがあります。そんなときは、チームで力を合わせて乗りこえます。みんなでがんばって清掃を終えた日に見る、きれいになったパークと朝焼けは、とても清々しく本当に美しいです。この経験は、なかなかできないかもしれません。

Q どんな人に向いている？

自分の仕事をしっかりやり切ることができる人。それから細かいところに気づくことができる人は、この仕事に向いていると思います。まわりをよく見る視野の広さもあると、より効率的に作業ができるようになります。

アトラクションの車両や乗り場、手すりなど、お客様が手をふれる場所は入念にふき掃除を行います。

水の力をつかって、外壁や歩道のよごれを洗い流します。

みんなのギモン コラム2

やりたいことがありません
将来の夢を持っていないと
ダメですか?

やりたいことや、夢がまだ見つかっていないみなさんへ。
「夢の見つけ方」を教えましょう。

「夢」とは将来の仕事のことだけじゃない

みなさんは、先生や保護者、友だちから「夢はなに?」と聞かれたら、なんと答えますか?「学校の先生になりたい」「ITエンジニアになりたい」「自分で会社をつくりたい」「海外で働きたい」など、将来の仕事を想像して答える人もいるかもしれませんね。

夢には、いろいろな意味や形があります。将来の仕事だけではなく、行ってみたい場所、挑戦したいことやかなえたい目標、あこがれの人に会うなど、"夢"という言葉には、たくさんのイメージがこめられています。

好きな気持ちが広がる先に夢の始まりがあるかも

将来の夢について、まだよくわからない人でも、自分が「好きなこと」とか「夢中になれること」は、あるのではないでしょうか。

たとえば、ゲームをしているとき、おどったり体を動かしたりしているとき、アニメを見たり絵をかいたりしているときなど、好きだなと思うことは、「楽しくて、時間があっという間に過ぎてしまう」「やっているときに、がんばれる」「気がつけば、いつもそばにある」、そういうものです。

今、みなさんが感じている「好き」や「好きかも」が広がると、「もっとこうしたい」「こんなこともやってみたい」の気持ちが芽生えることがあります。その先に見えてくるのが「夢」の始まりだと思います。

宇宙を見てみたいな

今はダンスが好きだけど、将来はまだなにをしたらいいのかわからない

自分のペースで今、しあわせな時間を過ごすことが大事

　これを読みながら、「まだ自分には"夢"がない」「将来、なにになりたいのか聞かれると困ってしまう」と感じている人がいるかもしれません。
　そんな人に知っていてほしいのは、やりたいことや夢を、急いで決めなくてもいい、ということです。未来は、だれにもわからないので、わからない姿を想像できなくて不安を感じてしまうなら、今を大切に、しあわせに過ごすことを大事にしてもらいたいです。
　将来、自分がなにをするのか想像できなくても心配いりません。将来は、みなさんが歩んでいく道の先にあります。あせらずに、「楽しいな」「好きだな」ということに目を向けて進んでいくと、自然とやりたいことや夢が見つかってくると思います。

> やりたいことや、将来の夢を
> 急いで決めなくても大丈夫。
> 今を大切に、しあわせに過ごしていると
> 夢が見つかるかもしれません。
>
> 馬場 瑞紀　パーソルキャリア株式会社
> "はたらく"を考えるワークショップ推進チームより

Works 7

天文台職員

国立天文台 野辺山

世界最大級の45メートルの電波望遠鏡。巨大ブラックホールを発見した望遠鏡です。

「天文台」ってなに？

「天文台」は、天体の観測を行う施設です。ここでは、星や太陽などの惑星といった、宇宙空間にあるさまざまな物質を観測し研究しています。

国立天文台は、日本で天体を観察するための最新の技術を持つ重要な施設で、国内では全部で12施設ほどあります。

なかでも、長野県と山梨県の県境にある野辺山の天文台は、直径45メートルの世界最大級の電波望遠鏡が設置され、数多くの貴重な発見をしてきており、国内外の天文学者や研究者から大きな注目を浴びています。一般公開もされているので、だれでも自由に見学することができます。

天文台の仕事は宇宙の成り立ちの研究をすること

主な仕事は、天文学に関する研究活動です。目に見える光だけではなく、赤外線、電波などいろいろな波長（光の波の1回分の長さのこと）をつかって天体を観測し、宇宙の成り立ちを調べたり、星の位置を正確に測ったりしています。また、観測するための装置もつくります。

天文学は、人類に大きなえいきょうをあたえ続けてきた最古の学問のひとつです。カレンダー（こよみ）の改良や航海の道しるべ、時間など、人が生活するために必要なことは、天文学によってわかったこともとても多いのです。

おしごとデータ
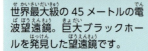

- **年収** 420万円〜（部署によって異なります）
- **仕事時間** 1日約8時間（途中休憩1時間）夜勤19:00〜翌4:00
- **必要な資格** 研究部門や技術部門など、職種によって資格は異なります。

天文台の仕事は秋から冬にかけて深夜から早朝に行われます

天体の観測は主に、空気がかんそうして透明度があがる秋から冬にかけて行われます。
星が現れる夜から太陽がのぼる時間まで毎日観察をし、分析をくり返していきます。

天体観測の日の仕事（秋）

● **作業内容の確認と準備**　18:30

18時30分に出社。
日没までに作業内容を確認し、電波望遠鏡の中の機材への接続準備を行います。深夜には、ふたり1組で作業をするのが決まりごとです。

● **観測を開始**　19:30

19時30分から精密観測を開始。
電波望遠鏡の操作はパソコンで行い、約2時間ずつで交代しながら天体を目視していきます。

● **夜食をとる**　22:00

22時は夜食の時間。
朝まで仕事が続くため夜食をとり、散歩やおしゃべりをするなどリラックスして過ごします。

● **片付けをして帰宅**　3:00

前半のクルーは午前3時半まで観測を行います。後半のクルーに観測を引きつぎ、それぞれ帰宅していきます。

観測が本格化する冬は天候によって働く時間が変わる

冬になると、夜の時間が長くなるので、多くのスタッフが交代で観測の仕事にかかわり、17時ごろには観測が始まります。
強い風がふいたり、雪が積もったりすると電波望遠鏡の装置の向きが変わってしまうこともあるので、装置を直す作業も発生します。
冬が終わり春になると、観測が落ち着いて昼型の仕事にもどります。

© 国立天文台

天文台職員になるには？

研究者は天文学の知識が必要ですが
広報や事務系など、研究を支える仕事も充実しています

スタッフの働きやすい環境をつくる事務系の仕事。

装置にかかわる技術系の仕事。

☑ 大学や大学院などで専門的な勉強をする

天文学の研究者や電波望遠鏡などの装置をつくることを目指すなら、大学や大学院の理学部物理学科などで天文学を学んだり、高等専修学校などで、機械やロボットなどのものづくりを学ぶ必要があります。社会に出てから大学院で再び学び直し、天文学者になる人もたくさんいます。

☑ 国立大学法人等職員採用試験を受ける

大学教員として働くためには、大学院博士課程を卒業する際に与えられる「博士号」という学位が必要ですが、技術スタッフとして働く際には、博士号などの学位はなくても働くことができます。
研究者以外で国立天文台で働くには、「国立大学法人等職員採用試験」を受けて、合格する必要があります。

☑ 国立天文台にはさまざまな仕事がある

○「研究・教育系」の活動
○望遠鏡のメンテナンス
○装置やソフトウェアの開発
○広報活動
○研究活動を支える事務　　など

「研究・教育系」の活動だけでなく、自分の得意なことを生かして天文台にかかわることができます。

電波望遠鏡のメンテナンスなどをする技術系の仕事。

教えて！"天文台職員さん"

この仕事 11年目

大学共同利用機関法人 自然科学研究機構 国立天文台
西村 淳さん（38さい）

「自分たちでつくった装置で、宇宙を見た瞬間は忘れられないです」

Q どうしてこの仕事を選んだの？

高校生のころに自然の仕組み、宇宙の仕組みに興味があり、大学院で「電波天文学」と出会いました。もともとものづくりも好きで、天文学も好きだったため、観測のための装置を自分たちのチームでつくり、共同作業をするということにも魅力を感じて、この仕事を選びました。

Q 仕事の魅力はどんなところ？

自分のつくった装置が完成して、だれも見たことがない宇宙を自分の目で見ることができるというのは、ほかのなにものにも代えられない魅力です。自分がつくった装置やデータをほかの人がつかってくれて、自分の想定外のつかい方をしてもらえたときも、とても感動しますし、うれしいです。

Q 仕事の大変なところは？

仕事を始めたばかりのころはとても大変です。世界中のベテラン天文学者の中に、天文学者になりたての自分が入っていき、全員が同じ土俵で戦うことになりますから。

世界との競争はアイデア勝負。さらに、論文は英語で書く必要があって、世界の第一線のレベルが要求されます。大学院がトレーニング期間になりますが、その期間に、いかに自分を成長させられるかがとても大切です。

Q どんな人が天文台の仕事に向いている？

好奇心が強い人、自分でなにかやりたい！という人に向いていると思います。だれも発見していないものを見つけるため装置をつくろう！　という強い気持ちがあるといいですね。

宇宙の仕組みに興味があって、好奇心があり、技術的なことに関心がある人。やったことのないことをやるという知的好奇心、行動力がある人がいいと思います。

長野県と山梨県の県境にある、国立天文台野辺山では、美しい星空を見ることができます。

© 国立天文台

Works 8

トンネル整備士

東京湾横断道路株式会社 アクアライン事業所

東京湾アクアラインの海上休憩所「海ほたる」。アクアトンネルは、神奈川県川崎市から約9.5キロメートルの海底トンネルのことです。

トンネル内の安全を守る点検、修理、清掃の仕事

トンネル整備は、トンネルの中の安全を守る大切な仕事です。トンネルはコンクリートや鉄でできていますが、長い間にたくさんの車が通ると、こわれたりよごれたりします。トンネル整備士は、事故が起きないように決められた期間に点検し、修理や掃除を行っています。

東京湾横断道路株式会社では、海底トンネルの整備をしています。作業は、交通量の少ない深夜に行われることが多いですが、大きな修理が必要なときは、道路を通行止めにすることがあります。

整備士には技術力と集中力が必要

深夜のトンネルの整備作業は、一見、時間制限がないと思うかもしれませんが、そうではありません。通行止めになっていない仕事場所では、となりを速い車がビュンビュンと通るので、自分が事故に巻きこまれないように注意が必要です。また、通行止めをしていても解除の時間は決まっているので、時間を気にしながら確実に整備を行う集中力も必要です。

トンネル整備士には、技術だけではなく、集中力や計画通りに進める力が求められます。

おしごとデータ

年収 約570万円（平均）
※公共工事設計労務単価より、出版社調べ

仕事時間 1日約8時間（途中休憩1時間）
日勤：8:30～17:30、夜勤：18:00～翌3:00
※夜勤は業務・場合によって異なるため一番多いパターンを掲載しています。

必要な資格 入社時には、とくに資格は必要ありませんが、普通自動車運転免許があると便利です。

トンネル整備士になるには？

☑ 機械工学の大学や専門学校で学ぶ

どんな小さな機械でも、動くためには、電気や熱、まさつなどいろいろな力が発生します。トンネルの整備は、機械が動く基本的知識を応用して、さまざまな機械をつかうので、まずは、専門学校や大学で機械工学を学ぶといいでしょう。

☑ 機械工学以外の技術を学ぶと仕事も広がる

トンネル内の機械には、機械工学以外にも、電気工学、高所技術、消防設備などに関係するものがたくさんあるので、機械工学以外にも勉強を深めると、できる仕事も広がります。

持っていると役立つ資格
- 電気工事士
- 高所作業車運転技能
- 消防設備士
- 中型自動車運転免許
- 施工管理技士　　など

教えて！トンネル整備士さん

仕事歴3年目　加藤悠斗さん　24さい

Q どんな人に向いている？
高いところが好きな人や、体を動かすのが好きな人、多くの人といっしょに仕事をするので、チームプレイができる人が向いていると思います。

Q 仕事で大変だと感じるのはどんなこと？
速い車の横でトンネルの整備をしているので、事故が起こらないように気をつけて作業するのが大変です。

Q この仕事の楽しいところは？
トンネルの中を車が通る場所で作業するのは、緊張もあり大変ですが、大きい機械や特殊車両での作業ができる環境はとても楽しいです。こわれていた機械などを修理して直せたときに、うれしさとやりがいを感じます。

Works 9 航空管制官

成田空港事務所／東京航空交通管制部

航空管制官は空の安全を守り飛行機を安全に誘導するスペシャリスト

安心して飛行できるように飛行機の交通整理を行う仕事

航空管制官のいちばんの仕事は、飛行機を安全に離陸（空へ飛ぶ）と着陸（空港に降りる）をさせ、飛行機を操縦するパイロットに安心して飛行してもらうことです。

見えているのはごく一部ですが、日本の上空には国内外の飛行機が多く飛び交っています。また、それらの飛行機は空港の滑走路も利用するので、空でも地上でも、飛行機同士が接近しすぎないように交通整理を行う必要があります。

空港内、離陸と着陸、飛行中の飛行機へ指示を出す

航空管制官の業務は、主に3つにわけられます。
空港内の「管制塔」と呼ばれる高い建物から飛行機を見て、空港内の誘導路、滑走路の交通整理をし、離陸や着陸の許可を出す「飛行場管制」。

空港から離陸した飛行機を方向ごとに誘導して、安全なきょりを保ちながら上昇させたり、高度（飛行機の飛ぶ高さ）を指示したりして、到着する飛行機の順序を決め、空港に着陸させる「ターミナル・レーダー管制」。

離陸した飛行機が、目的地の空港まで飛行している間の交通整理をする「航空路管制」です。

おしごとデータ

仕事時間 1日約8時間

必要な資格 航空管制官採用試験で合格すること。

早番、遅番、夜勤の3交代制で
24時間、飛行機を監視しています

海外からくる飛行機から荷物を運ぶ貨物機など、飛行機はわたしたちが寝ている間でも飛び続けているため、航空管制官の仕事は24時間続きます。

夜勤の日の仕事

16:45

● 離着陸時に誘導する
飛行場管制官

飛行場管制官の夜勤は17時30分に出勤し、18時から朝の8時まで、空港の管制塔で仕事をします。

まずは、そのときの天気を確認します。天候が悪いと、航路（飛行機が飛んでいく道筋）に大きなえいきょうをおよぼすため、天気の確認は重要です。

17:30

18:00

● 飛行中にレーダーで誘導する
航空路管制官

航空路管制官の夜勤は16時45分に始まり、朝7時45分までの2交代で勤務をします。

航空路管制の仕事は、ふたり一組で行われます。1名が飛行機との通信を行い、もう1名が関係機関と調整を行うためです。

7:45

8:00

飛行場管制官が仕事をする、成田空港にある飛行場管制室。

航空路管制官が仕事をする運用室。

航空管制官になるには？

☑ **航空保安大学校で研修し修了後も訓練を受ける**

学校を卒業後、航空管制官採用試験（大卒レベル）を受けます。合格したら、航空保安大学校で研修を行います。さらに、修了後に訓練を受けてから技能証明をもらうことができ、これで管制業務を行うことができます。

教えて！ "航空管制官さん"

仕事歴 26年目
佐藤 寛子さん
（主幹航空管制官）

仕事歴 22年目
飛田 和樹さん
（主幹航空管制官）

仕事歴 7年目
齊藤 祐樹さん
（航空管制官）

仕事歴 3年目
白水 愛乃さん
（航空管制官）

Q 管制官の仕事を選んだ理由は？

学生のころに見た、航空管制官を題材としたテレビドラマがとても面白く、航空管制官に魅力を感じて、この仕事に就こうと決めました。（齊藤）

Q 仕事で楽しいと感じるのはどんなこと？

航空管制官の仕事ははば広く、仕事の内容が変わったり、転勤をすることもあります。わたしの場合は、転勤後に管制官が実際につかうシステムを開発する仕事をして、そのときにつくったシステムが、あとで実際に現場でつかえるようになったとき、一生懸命につくったものだったのでとてもうれしかったです。管制官としてパイロットと交信する仕事以外にも、いろいろなチャレンジをしていけるのが楽しいです。（飛田）

Q 朝まで起きているのは大変？

わたしの勤務する管制部では夜勤があるので、できるだけ体力づくりをしたり、睡眠時間をしっかりとるように心がけたり、日々、体調管理に気をつけています。休憩時間にストレッチをすることもあります。（飛田）

Q 管制官の仕事で大事なことは？

常に冷静でいることです。飛行機にトラブルが起きて、空港にもどらなければならなくなったり、機内で急病人が出たりしたときに、ふだんとはちがうことが求められます。そういう場面でもあわてず、すばやく正確に次の指示を出せるよう心がけています。（白水）

Q お休みの日の過ごし方は？

仙台の空港にいたときは、山が近かったので冬にはスノーボードをしました。沖縄空港にいたときには、ダイビングやマリンスポーツをしたり、友人といっしょにでかけたりしてリフレッシュしました。（佐藤）

Q 将来に向けての夢は？

飛行場管制だけでなく、これまで熊本や沖縄、仙台に配属になったことがあり、さまざまな種類の仕事をしてきました。航空管制官にはいろいろな仕事があるので、まだやったことのない業務もやってみたいです。（佐藤）

ほかにもあるよ こんな仕事

わたしたちが寝ている時間に働いている人たちの仕事は、
わたしたちが生活をしている身近なところにも、たくさんあります。

Works 10 漁師

一般社団法人 フィッシャーマン・ジャパン

場所や季節に合わせて おいしい魚をとる仕事

日の出の前からお昼までは海に出て働く

おいしい魚をとって市場で販売する仕事

漁師は、魚をとる仕事をしています。魚をとる（漁）場所や方法は、とる魚によってちがいます。

たとえば、宮城県にある石巻市の漁師は、海の中にカーテンのようにあみを立てて、そこにかかる魚をとる「刺しあみ」という方法で漁を行います。刺しあみでは、魚が生きている「活魚」の状態や、生きていなくてもとれたての状態で市場へ運ぶことができます。

とれた魚は、漁をする石巻市から全国各地の魚市場へ運ばれ、鮮魚店やスーパーで販売されてわたしたちの食卓に届きます。

漁をする仕事時間は、魚の種類や時期（季節）にもよりますが、日の出の前くらいからです。そのころに船で海に出て魚をとり、お昼前には終わることが多いです。

陸にもどってからは、あみなどの道具の手入れをしたり、明日の漁の計画を考えたりします。

漁師の魅力は、魚がたくさんとれたとき。その分いそがしくなりますが、とてもやりがいを感じるそうです。

おしごとデータ

- **年収** 数百万〜数千万円 魚がとれる量などによって変わります。
- **仕事時間** 1日約8時間くらい
- **必要な資格** 船を運転するときには、船舶免許が必要です。

37

パン職人

おいしいパンでたくさんの人を笑顔にできる仕事

手間と時間がかかるパン屋の一日は早朝から始まる

パン屋は、まだ暗いうちから仕事をする業界として、よく知られています。それは、朝食にパンを買いにくるお客様のために、朝早くからお店をオープンしたり、パンをつくるのに手間と時間がかかるからです。

でも最近は、機械化が進んで、昼間に働いている人と同じくらいの時間から、仕事をスタートするところも増えてきました。それでも、時間をかけてパンをつくることにこだわりがあったり、少人数で作業をしたりするお店は、深夜から早朝にパンづくりを始めます。

技術とクリエイティブな仕事を学んでいくパン職人

パン屋で、パンをつくっているのがパン職人です。パン職人は、おいしいパンをつくる技術や新しいレシピを考え出す、とてもクリエイティブな仕事です。

パン職人は、昼間に働く人たちと生活リズムがちがうので、体力も必要になります。とくに新人のころは、重い材料を運んだり、仕込みをしたり、掃除をしたりするアシスタントの仕事が多いので体調管理も大切です。それでも、技術やアイデアを学んでいくうちに、自分がつくったパンでたくさんの人を笑顔にできることが、仕事の喜びとなっているそうです。

おしごとデータ

年収 約341万円～
※経験や技術、会社によって異なります。

仕事時間 1日8時間くらい
※午前3時～12時くらいまで。お店や会社によって勤務時間は異なります。

必要な資格 パン職人にはとくに資格は必要ありません。

年収の出典：政府統計の総合窓口 e-Stat「賃金構造基本統計調査 企業規模10人以上 2019年版」

さくいん

アクアライン ……………… 32
院内保育園 ………… 14、15
受付指令管制員 …… 20、21

海底トンネル ……………… 32
看護師 ………… 14、16〜19
救急管制員 ………… 20、21
航空管制官 ………… 34〜36
航空保安大学校 …………… 35
高原レタス生産者
　………………… 10、12、13
国立天文台 …… 28、30、31

災害救急情報センター管制員
　…………………………… 20
清掃員 …………………… 24
整備士 …… 22、23、32、33
せり売り ………………… 6、7
せり人 …………………… 6〜8

天文台職員 …… 28、30、31
テーマパーク ……… 22〜24
電波望遠鏡 ………… 28〜30
東京ディズニーリゾート®
　………………………… 22〜24
トンネル整備士 …… 32、33

ナイトカストーディアル … 24、25

花市場 …………………… 6〜9
パン職人 ………………… 38
保育園 ……………… 14、15
保育士 …………………… 15

夜間保育 …………… 14、15
夜勤 ……………………… 16

漁師 ……………………… 37

39

●**監修：パーソルキャリア株式会社**
　"はたらく"を考えるワークショップ推進チーム

パーソルキャリア株式会社では、全国の小・中学校向けに"はたらく"を
考えるワークショップを無償提供しています。
2023年度までに、全国で565回、300校/33,000名以上の児童や生徒に、
しごとやキャリアについて考え、生きる力を身につけるプログラムを実施
してきました。これからも子どもたちのキャリアオーナーシップを育む機
会提供を行っていきます。

●**取材・ライティング**：笠井 里香／Niko Works
●**写真**：PIXTA：P4、P5、P14、P31、P38

働く現場をみてみよう！
わたしたちが寝ている時間の仕事

2024年9月20日発行　第1版第1刷ⓒ

監　修	パーソルキャリア株式会社
	"はたらく"を考えるワークショップ
	推進チーム
発行者	長谷川 翔
発行所	株式会社 保育社
	〒532-0003
	大阪市淀川区宮原3−4−30
	ニッセイ新大阪ビル16F
	TEL 06-6398-5151　FAX 06-6398-5157
	https://www.hoikusha.co.jp/
企画制作	株式会社メディカ出版
	TEL 06-6398-5048（編集）
	https://www.medica.co.jp/
編集担当	中島亜衣／二畠令子／佐藤いくよ
編集協力	Niko Works
装幀・デザイン	坂本真一郎／Niko Works
本文イラスト	kikii クリモト
校　閲	香風舎 石風呂春香
印刷・製本	株式会社精興社

本書の内容を無断で複製・複写・放送・データ配信などをすることは、著作権法上の例外をのぞき、著作権侵害
になります。

ISBN978-4-586-08675-7　　　　　　　　　　　　　　Printed and bound in Japan
乱丁・落丁がありましたら、お取り替えいたします。